First Picture Dictionary
Animals

Primeiro dicionário ilustrado
Animais

Pig
Porco

Butterfly
Borboleta

Rabbit
Coelho

Fox
Raposa

Illustrated by Anna Ivanir

www.kidkiddos.com
Copyright ©2024 by KidKiddos Books Ltd.
support@kidkiddos.com

All rights reserved. No part of this book may be reproduced in any form or by any electronic or mechanical means, including information storage and retrieval systems, without written permission from the publisher, except in the case of a reviewer, who may quote brief passages embodied in critical articles or in a review.
First edition, 2025

Library and Archives Canada Cataloguing in Publication
First Picture Dictionary - Animals (English Portuguese Bilingual edition - Brazil)
ISBN: 978-1-83416-225-6 paperback
ISBN: 978-1-83416-226-3 hardcover
ISBN: 978-1-83416-224-9 eBook

Wild Animals
Animais selvagens

Lion
Leão

Tiger
Tigre

Giraffe
Girafa

✦ A giraffe is the tallest animal on land.
✦ *A girafa é o animal terrestre mais alto.*

Elephant
Elefante

Monkey
Macaco

Wild Animals
Animais selvagens

Hippopotamus
Hipopótamo

Panda
Panda

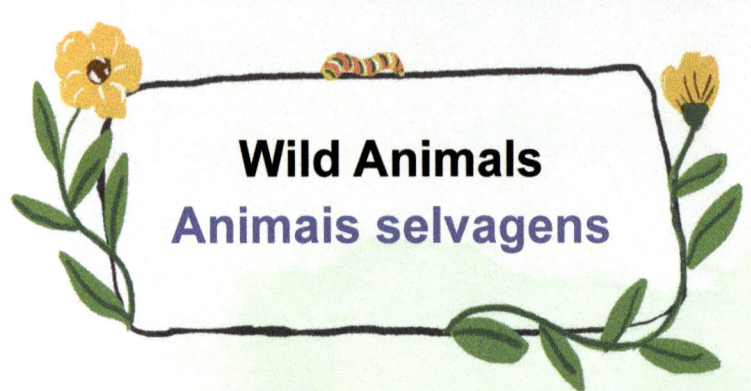
Fox
Raposa

Rhino
Rinoceronte

Deer
Cervo

Moose
Alce

Wolf
Lobo

✦ A moose is a great swimmer and can dive underwater to eat plants!
✦ *O alce é um ótimo nadador e pode mergulhar para comer plantas!*

Squirrel
Esquilo

Koala
Coala

✦ A squirrel hides nuts for winter, but sometimes forgets where it put them!
✦ *O esquilo esconde nozes para o inverno, mas às vezes esquece onde as colocou!*

Gorilla
Gorila

Pets
Animais de estimação

✦ A frog can breathe through its skin as well as its lungs!
✦ *O sapo pode respirar pela pele e pelos pulmões!*

Canary
Canário

Guinea Pig
Porquinho-da-índia

Frog
Sapo

Hamster
Hamster

Goldfish
Peixe dourado

Dog
Cachorro

✦ Some parrots can copy words and even laugh like a human!
✦ *Alguns papagaios conseguem imitar palavras e até rir como um humano!*

Parrot
Papagaio

Cat
Gato

Animals at the Farm
Animais da fazenda

Cow
Vaca

Chicken
Galinha

Duck
Pato

Sheep
Ovelha

Horse
Cavalo

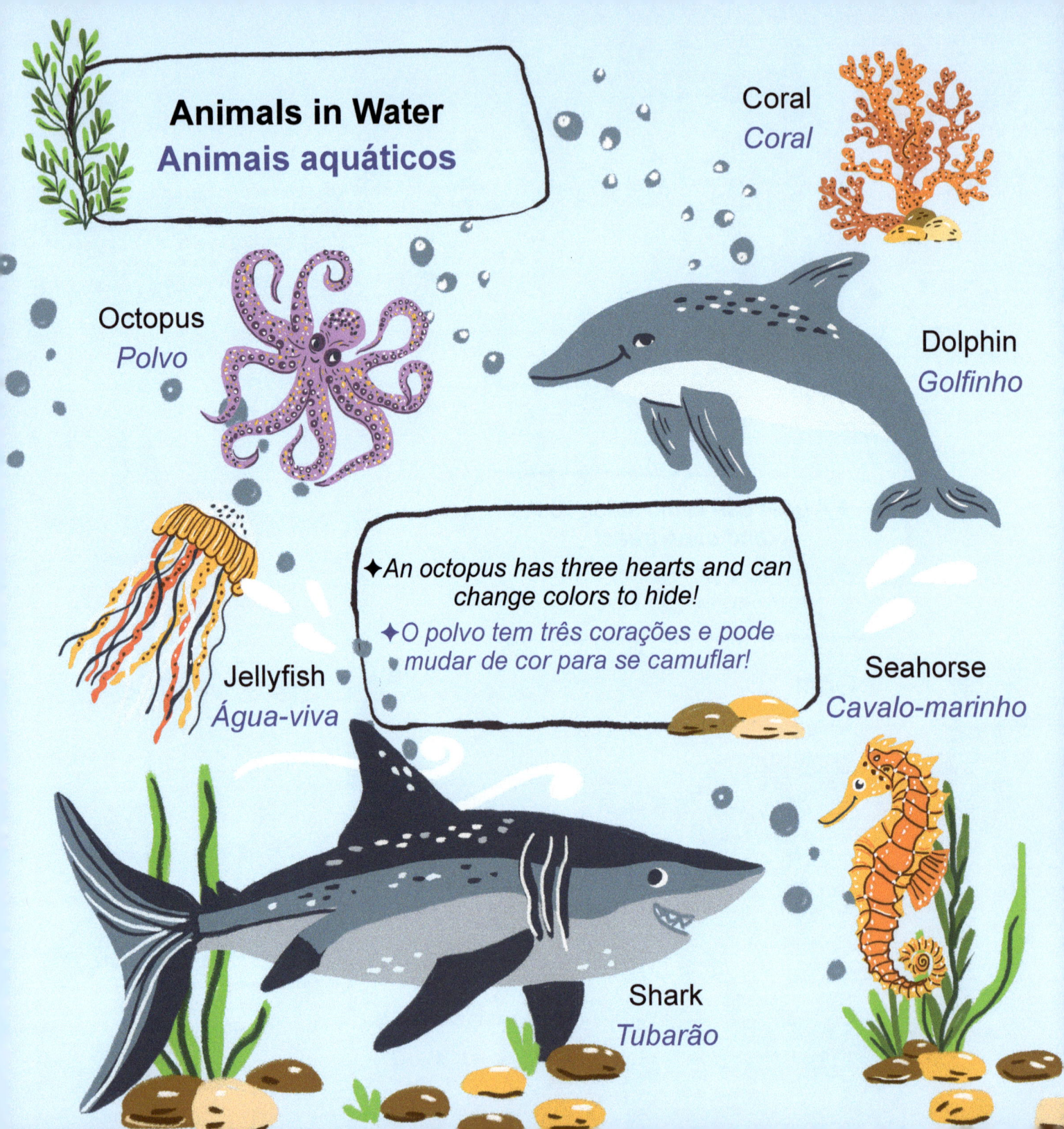

Mosquito
Mosquito

Dragonfly
Libélula

✦A dragonfly was one of the first insects on Earth, even before dinosaurs!
✦*A libélula foi um dos primeiros insetos na Terra, antes mesmo dos dinossauros!*

Butterfly
Borboleta

Bee
Abelha

Ladybug
Joaninha

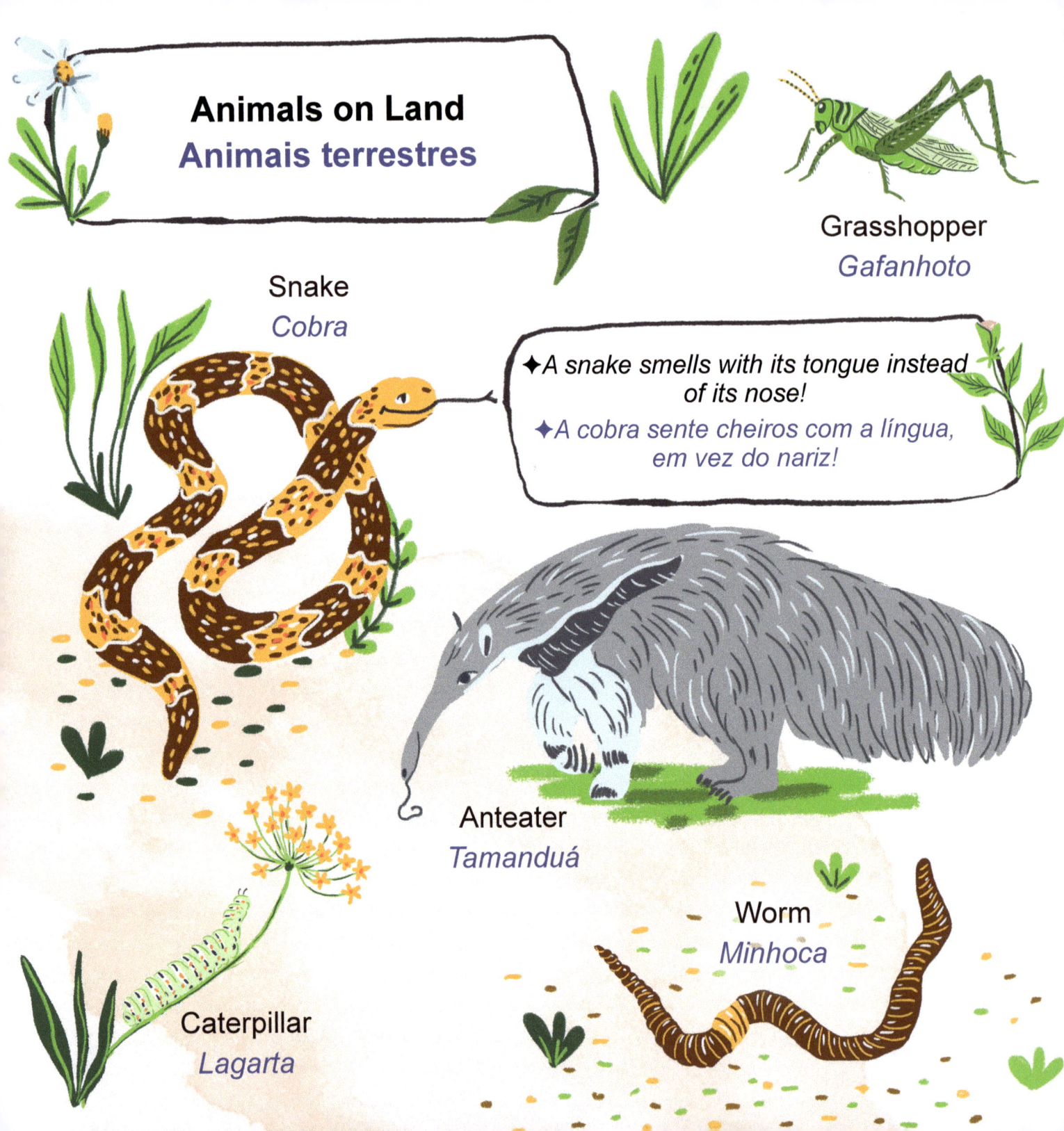

Badger
Texugo

Porcupine
Porco-espinho

Groundhog
Marmota

✦ A lizard can grow a new tail if it loses one!
✦ *O lagarto pode fazer crescer uma nova cauda se perder a sua!*

Lizard
Lagarto

Ant
Formiga

Small Animals
Animais pequenos

Chameleon
Camaleão

Spider
Aranha

✦ An ostrich is the biggest bird, but it cannot fly!
✦ *O avestruz é a maior ave, mas não consegue voar!*

Bee
Abelha

✦ A snail carries its home on its back and moves very slowly.
✦ *O caracol carrega sua casa nas costas e se move bem devagar.*

Snail
Caracol

Mouse
Rato

Quiet Animals
Animais silenciosos

Turtle
Tartaruga

Ladybug
Joaninha

- A turtle can live both on land and in water.
- *A tartaruga pode viver tanto na terra quanto na água.*

Fish
Peixe

Lizard
Lagarto

Owl
Coruja

Bat
Morcego

✦An owl hunts at night and uses its hearing to find food!
✦*A coruja caça à noite e usa a audição para encontrar comida!*

✦A firefly glows at night to find other fireflies.
✦*O vaga-lume brilha à noite para encontrar outros vaga-lumes.*

Raccoon
Guaxinim

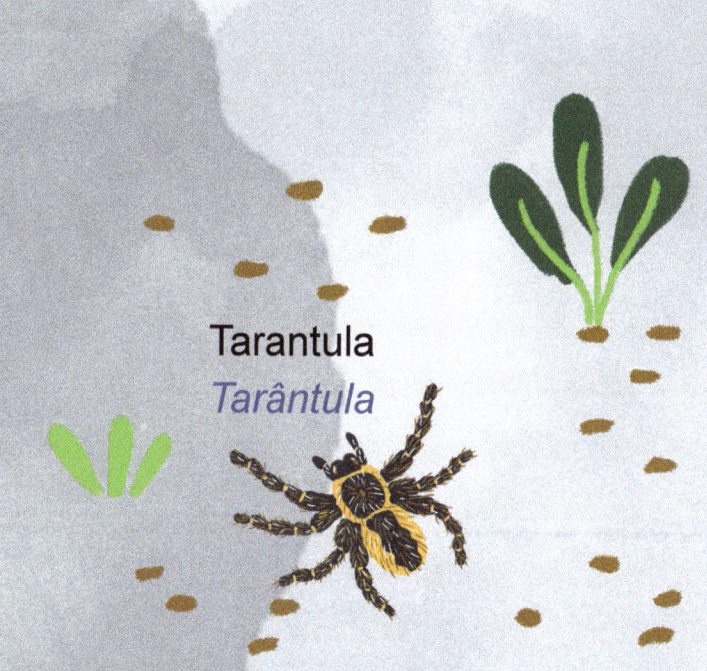

Tarantula
Tarântula

Colorful Animals
Animais coloridos

A flamingo is pink
O flamingo é rosa

An owl is brown
A coruja é marrom

A swan is white
O cisne é branco

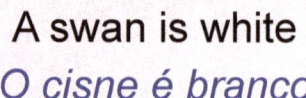

An octopus is purple
O polvo é roxo

A frog is green
O sapo é verde

✦ A frog is green, so it can hide among the leaves.
✦ *O sapo é verde, então pode se esconder entre as folhas.*

Animals and Their Babies
Animais e seus filhotes

Cow and Calf
Vaca e Bezerro

Cat and Kitten
Gato e Gatinho

Chicken and Chick
Galinha e Pintinho

✦ A chick talks to its mother even before it hatches.

✦ *O pintinho conversa com sua mãe mesmo antes de nascer.*

Dog and Puppy
Cachorro e Cachorrinho

Butterfly and Caterpillar
Borboleta e Lagarta

Sheep and Lamb
Ovelha e Cordeiro

Horse and Foal
Cavalo e Potro

Pig and Piglet
Porco e Leitão

Goat and Kid
Cabra e Cabrito

www.ingramcontent.com/pod-product-compliance
Lightning Source LLC
LaVergne TN
LVHW072057060526
838200LV00061B/4764